AF549998

Ralf Plenz (Hrsg.)

Meditative Momente in Hamburg, Band 1

Ute Latendorf

# Friedhof Ohlsdorf

## Der größte Parkfriedhof der Welt

Ralf Plenz (Hrsg.)

Meditative Momente in Hamburg
Band 1

Ute Latendorf

# Friedhof Ohlsdorf

## Der größte Parkfriedhof der Welt

Input-Verlag
Hamburg 2011

Bibliografische Information der Deutschen Nationalbibliothek
Die Deutsche Nationalbibliothek verzeichnet diese Publikation in der Deutschen Nationalbibliografie; detaillierte bibliografische Daten sind im Internet über http://dnb.d-nb.de abrufbar.

Ute Latendorf: Friedhof Ohlsdorf – Der größte Parkfriedhof der Welt
Band 1 der Reihe Meditative Momente in Hamburg
Herausgeber der Reihe: Ralf Plenz, Hamburg
Lektorat: Stéfanie Märschel, www.lektorat-wortgewandt.de

Verlag: Input-Verlag, Blankeneser Landstr. 63, 22587 Hamburg
Tel.: 040/60 92 26 04, Fax: 040/86 39 64
Internet: www.input-verlag.de
E-Mail: info@input-verlag.de

ISBN 978-3-941905-61-0   12.80

Bildbearbeitung, Satz und Layout: Ralf Plenz, Input-Verlag, Hamburg
Schrift: Rotis in diversen Schnitten auf Apple Macintosh-PC, Kalligrafie: Ralf Plenz
Druck: Klingenberg & Rompel, Hamburg
Coverdesign: Ralf Plenz, Fotos Vorder- und Rückseite von Ute Latendorf: Friedhof Ohlsdorf

# Inhaltsverzeichnis

# Vorwort von Ute Latendorf

Das erste Mal in meinem Leben war ich 1966, mit 15 Jahren, auf dem Friedhof Ohlsdorf, nachdem meine Großmutter Else Bartels gestorben war. Die Trauerfeier im Krematorium habe ich in schlimmer Erinnerung, denn am Schluss wurde der Sarg durch eine sich öffnende Falltür abgesenkt. Einige Zeit später trugen wir die Urne zum Familiengrab der Bartels, wo auch mein Großvater Wilhelm 1944 beerdigt worden war. Danach bin ich wohl noch einige Male mit meiner Mutter dort gewesen, aber nicht mehr, seit ich erwachsen war.

Erst 2003, während meines Frauenstudiums an der Universität Hamburg, begann ich mich wieder für den Friedhof Ohlsdorf zu interessieren, weil einige meiner Kommilitoninnen sich im „Garten der Frauen“ engagierten. Seit jener Zeit bin ich immer wieder zum Friedhof Ohlsdorf gefahren, um ihn nach und nach besser kennen zu lernen.

Während der Arbeit an diesem Buch zeigte mir meine Cousine Hanni das Familiengrab der Bartels, das ich alleine unter 300.000 Grabstellen nicht wieder gefunden hätte. Von ihr erfuhr ich auch, dass unser Urahn Dr. Johann Heinrich Bartels, der ebenfalls auf diesem Friedhof beerdigt liegt, von 1820 bis 1850 Bürgermeister von Hamburg war.

Als Dichterin hat mich besonders gefreut zu erfahren, dass, nach Aussagen meiner Cousinen Hanni und Brigitte und meines Cousins Jürgen, unsere Familie mit Matthias Claudius verwandt ist. Diese Informationen haben sie mündlich von unserer Großmutter Else bekommen.

So erklärt sich für mich im Nachhinein, welche Kraft mich immer wieder zum Friedhof Ohlsdorf zieht, obwohl ich mich nie für meine Vorfahren interessiert und nie das Familiengrab gesucht hatte.

# Es gibt Orte

Es gibt Orte,
die sind voller Schönheit und Licht.
Es gibt Orte,
da hört man, wie Gott zu uns spricht.

Es gibt Orte,
da werden wir ehrlich und gut.
Es gibt Orte,
da verwandelt unsere Angst sich in Mut.

Da sind Bäume und Büsche,
und der Himmel ist groß,
und wir atmen und träumen,
und der Schmerz lässt uns los.

Da sind Blumen und Kreuze,
da bin ich, da bist du.
Dort finden wir Frieden
und zur ewigen Ruh.

März 2011

# Friedhof Ohlsdorf

Der Ohlsdorfer Friedhof in Hamburg,
eingeweiht am 1. Juli 1877,
ist der größte Parkfriedhof der Welt
mit etwa 300 000 Grabstellen
auf einer Gesamtfläche von ca. 400 ha,
mit ca.17 Kilometern Straßennetz, 2 Buslinien,
über 36 000 Bäumen, 15 Teichen,
12 Kapellen und drei Feierhallen,
8 Friedhofsgärtnereien,
19 Mausoleen,
Grabstätten von über 52 000 Kriegsopfern,
mit 800 Skulpturen
und über 2 Millionen Besuchern jährlich.
Auf dem Friedhof sind viele
berühmte Persönlichkeiten beerdigt:
Wolfgang Borchert, Ida Ehre,
Gustav Gründgens, Hans Albers, Heinz Ehrhardt,
Carl Hagenbeck, Johann Wilhelm Cordes,
Otte Linne, Loki Schmidt ...

Friedhof
Ohlsdorf
Paten gesucht
Dieses historische Grabmal können Sie
im Rahmen einer Patenschaft kostenlos
übernehmen und die Grabstätte für
zungen nutzen.
Nähere Informationen - auch zu weiteren
patenschaften - erhalten Sie im
ungsgebäude am Haupteingang
Tel. 040 / 593 88 - 0.

Mitglied der
Friedhofsgärtner-Genossenschaft
Hamburg e. G.
Friedhofsgärtnerei
HH BB 361

# Mein Kraft-Ort

Der Friedhof Ohlsdorf
ist mein ganz persönlicher Kraft-Ort
in Hamburg.
Er ist eine Oase der Ruhe
mitten im Getriebe der Großstadt.
Sobald ich durch den Eingang trete,
fallen alle Alltagssorgen von mir ab.
Ich atme tief durch
und entspanne mich.
Hier fühle ich mich zuhause,
komme zur Ruhe
und finde Frieden.
Mir wird bewusst,
wie kurz unser Leben ist
und wie nahe uns immer der Tod.
Ich spüre hier
einen Hauch von Ewigkeit.
Der Friedhof Ohlsdorf
ist für mich „Heiliges Land".

# Jahreszeiten

Jede Jahreszeit hat hier ihren besonderen Reiz:
Im Juli leuchten mir die Rosen,
im August sehe ich Sonnenblumen auf den Gräbern.
Im Oktober fasziniert mich
die Blätterfärbung der uralten Bäume.
Im November schaffen Dunst und Nebel
eine fast unwirkliche Stimmung.
Auch der Winter lockt
zum Spazierengehen über den Friedhof,
wenn die Bäume kahl sind
und Schnee auf den Grabfiguren liegt.
Am schönsten aber ist es im Frühling,
wenn das junge Grün an den Bäumen sprießt
und Magnolienbüsche und Rhododendren
blühen und duften.

geb.

+ 15. 11. 1970

… von den Jahreszeiten lernen,

dass das Leben

immer wieder von neuem beginnt …

# Ort der Toten

Der Friedhof Ohlsdorf ist ein Ort der Toten.
Sie haben hier ihre letzte Ruhe gefunden.
Viele Gräber werden liebevoll gepflegt,
um andere kümmert sich niemand mehr.
Viele Angehörige kommen gern zum Friedhof,
weil sie sich hier den Verstorbenen nahe fühlen.
Es gibt alte Familiengräber mit schweren Grabsteinen
und beeindruckenden Grabfiguren.
Mir gefallen auch die neuen Gräber
mit Abschiedsworten
und Bildern auf den Grabsteinen
und mit leichten, verspielten Figuren,
die manche Leute wohl als Kitsch bezeichnen.

I Miss
You

ICH BIN NICHT TOT, ICH TAUSCHE NUR DIE RÄUME
ICH LEB IN EUCH UND
GEH DURCH EURE TRÄUME
MICHELANGELO

ALLES HAT SEINE ZEIT

HIER RUHT

WIR
VERMISSEN
DICH

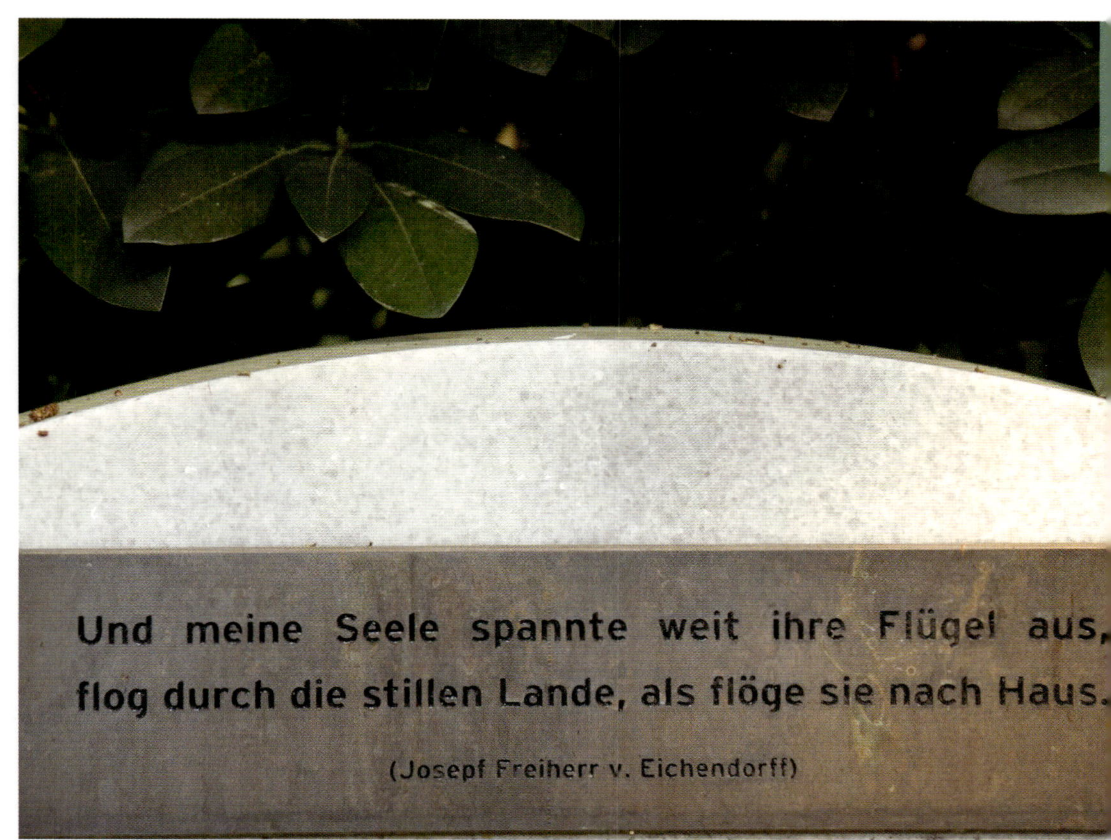
Und meine Seele spannte weit ihre Flügel aus,
flog durch die stillen Lande, als flöge sie nach Haus.
(Josepf Freiherr v. Eichendorff)

# Große Grabanlagen und Mahnmale

Es gibt unzählige Gräber für Einzelpersonen und Familien,
aber auch Gemeinschaftsgräber für Menschen,
die gemeinsam oder unter ähnlichen Bedingungen gestorben sind.
Kriegsdenkmäler erinnern
an den grausamen Tod
von Millionen von Menschen in zwei Weltkriegen,
an Soldaten, die im Kampf ihr Leben verloren,
und an Menschen, die in Hamburg
durch Bomben erschlagen wurden.
Besonders erschütternd wirkt das Mahnmal
für die Opfer des Nationalsozialismus,
für die Menschen, die in den KZs ermordet wurden.
Ihre Asche wurde von Überlebenden
nach Hamburg gebracht
und in Urnen ins Mahnmal gestellt.

1933–1945

LICHTENBURG BRANDENBURG
TORGAU HEUBERG PLÖTZENSEE
ESTERWEGEN AMMERSFOORT
HERZOGENBUSCH SALASPILS
FLOSSENBURG NATZWEILER
GR-ROSEN THERESIENSTADT
BERGEN-BELSEN TREBLINKA
STUTTHOF RAVENSBRÜCK
MAUTHAUSEN FUHLSBÜTTEL
MAIDANEK SACHSENHAUSEN
NEUENGAMME AUSCHWITZ
DACHAU BUCHENWALD

PRO PATRIA

1940 1945

# Ort der Lebenden

Der Friedhof Ohlsdorf ist nicht nur
ein Ort der Toten,
sondern auch ein Ort der Lebenden,
ein großer Park mit herrlichen Bäumen,
in denen Vögel singen
und Eichhörnchen herumspringen.
Menschen gehen hier spazieren,
joggen, walken, fahren Rad oder mit dem Auto.
Wildgänse rasten auf Grabplatten,
und Uhus brüten hier jedes Jahr.
Auf den Gräbern blühen ganzjährig
die schönsten Blumen.
Der Friedhof Ohlsdorf
ist eine ausgedehnte Parkanlage
inmitten der Großstadt
mit ihren viel befahrenen Straßen,
ihrem Lärm und Gestank,
ein Raum der Erholung
für die Hamburger Bürger.

20
20
20

OPA
HANS

NOTRUF
NOTRUF

# Freiluft-Kunststätte

Der Friedhof Ohlsdorf ist eine große Freiluft-Kunststätte.
Hier stehen viele Figuren,
oft versteckt zwischen Bäumen und Sträuchern:
einzelne Frauen und Männer und Kinder.
Mich reizen besonders die Figurengruppen,
Paare und Mütter mit Kindern.
Immer wieder entdecke ich neue Plastiken,
denen ich mich neugierig und behutsam
mit der Kamera nähere,
als wären sie lebende Menschen,
die ich nicht stören will.
Ich fotografiere sie mit Weitwinkel- und Teleobjektiv,
mit und ohne Blitz.
Die meisten der Figuren haben traurige Gesichter,
weil die Künstler den Schmerz
von Verlust und Trennung zeigen wollen.

PROPHET und GENIUS

WEM·NIE·VON·LIEBE·LEID·GESCHAH·DEM·WARD·AUCH·LIEB·VON·LIEBE·NIE

# Engel

Für viele Menschen sind die Engelsfiguren
auf dem Friedhof Ohlsdorf
am tröstlichsten.
Engel erscheinen uns als Boten Gottes,
die uns beschützen
und vor Unheil behüten.
Wir stellen uns vor,
wie wir unter ihren großen Flügeln
Zuflucht finden,
wenn wir bedroht werden.
Engel sind Wesen aus einer anderen Welt.
Sie können fliegen
und sind unvermutet zur Stelle.
Das unterscheidet sie
von uns Menschen.

und Hoffnung trösten, wenn

# Christusfiguren

Für Christen sind die Christusfiguren
auf dem Friedhof besonders wichtig:
der segnende Christus
ebenso wie der gekreuzigte.
Meist wird der Christus
mit langen Haaren und Bart dargestellt,
mal ernst, mal freundlich blickend.
Schon von weitem sieht man
den großen hellen Christus,
der erhöht auf einem Hügel beim Eingang steht.
Er scheint die Besucher des Friedhofs zu begrüßen.
Eine Hand hat er auf sein Herz gelegt,
die andere Hand ist hoch erhoben, einladend,
als wolle er sagen:
„Kommt her zu mir, alle,
die ihr mühselig und beladen seid.
Ich will euch erquicken.“

I. N.
R. I.

# Späte Erkenntnis

Ich brauche so wenig,
seitdem ich weiß,
wie nahe ich immer
dem Tode bin.

Nichts kann ich mitnehmen,
wenn meine Stunde kommt,
nur die Gewissheit:
Ich habe gelebt.

# Autorin und Fotografin

Ute Latendorf,
geboren 1951 in Hamburg,
lebt in Buxtehude. Dipl.-Pädagogin,
Lyrikerin und Fotokünstlerin.
Sie fotografiert seit vielen Jahren auf dem
Friedhof Ohlsdorf mit einer Nikon D 70s,
ohne Stativ, manchmal mit Extra-Blitz.
Zahlreiche Veröffentlichungen von
Gedichten und Fotos in Büchern.
Foto-Ausstellungen in Hamburg
und Buxtehude.
Homepage: www.utelatendorf.de

Weitere Bände Meditative Momente in Hamburg sind in Vorbereitung:
Alster, Botanischer Garten, Jüdischer Friedhof, ...